# EXPOSITION INTERNATIONALE

d'Hygiène, de Sécurité Maritime et de Pêche

## D'OSTENDE

Août et Septembre 1901

### SECTION FRANCAISE

Organisée par les Hospitaliers Sauveteurs Bretons

*Société reconnue d'utilité publique.*

Une exposition internationale d'hygiène, de sécurité maritime et de pêche, organisée sous les auspices de l'administration communale d'Ostende, s'ouvrira dans cette ville, le 1er août et se terminera le 30 septembre 1901. S. M. Léopold a bien voulu accepter le titre de Haut-Protecteur de l'exposition et M. Smet de Naeyer, Ministre des Finances, celui de président d'honneur. En vue de mieux démontrer l'intérêt qu'il prenait à cette exposition, le roi des Belges a mis un prix d'honneur à la disposition du jury pour le décerner à un exposant méritant, et son exemple a été suivi par S. A. R. Mgr le Comte de Flandre, le Ministre des finances belge, le gouverneur de la province, la ville d'Ostende et plusieurs corps constitués : l'Allemagne, l'Autriche-Hongrie, le Danemark, l'Espagne, les Etats-Unis d'Amérique, la Grande-Bretagne, l'Italie, le Japon, les Pays-Bas, le Portugal, la Roumanie, la Suède, la Norvège, la Russie et la Suisse seront représentés à cette exposition, c'est pourquoi la Société des Hospitaliers sauveteurs bretons reconnue d'utilité publique, confia à l'un de ses présidents d'honneur, M. E. Cacheux, président honoraire de l'enseignement professionnel et technique des pêches maritimes et de la Société française d'hygiène, le soin de créer une section française à Ostende.

M. Cacheux accepta et après s'être assuré le concours de plusieurs de ses collègues de la Société d'aquiculture et de la Société d'acclimatation, il forma un comité qui choisit pour son président M. le député Gerville-Réache, avocat à la cour d'appel de Paris, président du comité consultatif des pêches maritimes, président des comité et jurys de la classe des pêches aux Expositions universelles de 1889 et de 1900.

M. Gerville-Réache s'empressa de faire toutes les démarches nécessaires pour s'assurer le patronage du gouvernement français et il a obtenu des ministres, que l'exposition intéresse, l'assurance que leur appui ne fera pas défaut aux exposants français ; nous venons donc vous demander d'examiner s'il n'y aurait pas lieu d'envoyer les produits de votre maison à Ostende, de façon à augmenter l'importance de vos rapports commerciaux avec la Belgique. Dans son rapport au ministre, M. G. Hartmann, président de l'Union des Syndicats de l'alimentation en gros, dit que l'exposition de Bruxelles en 1897 a permis de constater qu'avec peu d'efforts, nous pourrions développer sensiblement les affaires que nous traitons avec nos voisins, surtout celles qui concernent les produits préparés.

Il faudrait relever les chiffres d'exportation de chicorée brûlée, de truffes, d'huiles, de conserves de viandes, de poissons, de légumes, etc.

La Belgique achète pour 10.000.000 de conserves alimentaires et nous ne lui en fournissons que pour quelques centaines de mille francs.

Il en est de même pour la totalité des produits alimentaires reçus par la Belgique, dont la valeur s'élève à 604 millions pour les divers pays importateurs et à 64 millions pour la France.

L'ensemble des importations faites en Belgique s'élève à une somme de 2.260.243.000. Jusqu'à présent la France tient la tête des pays importateurs mais en présence des efforts faits par les nations rivales, notamment par l'Allemagne, elle ne conservera plus longtemps le premier rang si elle ne prend pas des mesures énergiques pour arrêter la diminution que la statistique accuse dans ses exportations.

La Belgique importe pour 2.000.000 de produits pharmaceutiques.

*Importance des produits importés en Belgique.*

| PAYS | Valeur en francs. |
|---|---|
| France | 390.000.000 |
| Angleterre | 312.000.000 |
| Allemagne | 285.000.000 |
| Russie | 132.000.000 |
| Etats-Unis | 280.000.000 |
| République Argentine | 148.000.000 |
| Suède et Norvège | 62.000.000 |
| Roumanie | 35.000.000 |
| Pays-Bas | 169.000.000 |
| Espagne | 43.000.000 |
| Italie | 26.000.000 |
| Indes-Anglaises | 85.000.000 |
| Brésil | 52.000.000 |

Nous ne pouvons qu'engager nos concitoyens à exposer à Ostende, d'abord ils pourront recevoir des récompenses décernées aux exposants et ils noueront certainement des relations non seulement avec les Belges mais encore avec les représentants des divers pays qui prennent part à l'Exposition.

*Pour le Comité de la section Française :*

*Le Président,* GERVILLE-RÉACHE,
Député, Président du Comité consultatif
des Pêches Maritimes.

P. S. — MM. les Ministres de la Marine et de l'Agriculture ont autorisé leurs fonctionnaires à faire partie de nos comités.

## COMITÉ D'INITIATIVE

### Président :

M. Gerville-Réache, député, avocat à la Cour d'appel de Paris, président du Comité consultatif des pêches maritimes, président des comités et jurys de la classe des pêches aux expositions universelles de 1889 et de 1900.

### Commissaire général :

M. E. Cacheux, ingénieur, président d'honneur des Sauveteurs bretons, de la Société française d'hygiène et président fondateur honoraire de l'Enseignement professionnel et technique des pêches maritimes.

### Commissaire général adjoint :

M. Michotte, ingénieur, président de la Société de la Propagande coloniale.

## I<sup>re</sup> DIVISION. — Hygiène

### Secrétaire :

M. Sermette, avocat.

### Président :

M. le D<sup>r</sup> Ladreit de Lacharrière, président de la Société française d'hygiène.

### Vice-Présidents :

M. Ed. Brémond, membre du Comité consultatif d'hygiène au Ministère du Commerce.

M. le D<sup>r</sup> Foveau de Courmelles, vice-président de la Société française d'hygiène.

### Secrétaire :

M. Joltrain, vice-président de la Société française d'hygiène.

## II<sup>e</sup> DIVISION. — Sécurité et sauvetage

### Président :

M. C. Bollot, président d'honneur des Sauveteurs bretons.

*Vice-présidents* :

M. le Commandant Brossard de Corbigny, capitaine de frégate, inspecteur de la Société centrale de sauvetage des naufragés.

M. F. Michotte, ingénieur, président de la Société de propagande coloniale.

*Secrétaires* :

M. Damico, administrateur de la Société française de sauvetage et de fédération des Sauveteurs de France.

III<sup>e</sup> DIVISION. — **Sciences auxiliaires de la pêche**

*Président* :

M. le baron de Guerne, ancien président de la Société d'aquiculture.

*Vice-Président* :

*Secrétaire* :

IV<sup>e</sup> DIVISION. — **Pêche maritime et fluviale**

*Président* :

M. Durassier, directeur de la Marine marchande.

Section d'aquiculture

*Président* :

M. Mersey, conservateur des eaux et forêts au Ministère de l'Agriculture, chef du service de pisciculture.

*Vice-Président* :

M. de Marcilhac, pisciculteur à Bessemont.

*Secrétaire* :

M. Maire, inspecteur des eaux et forêts, administrateur de la Société d'aquiculture.

SOUS-SECTION DE LA PÊCHE CONSIDÉRÉE COMME SPORT

*Présidents :*

M. Deha, vice-président de la Société l'Enseignement professionnel et technique des pêches maritimes.

SECTION DES ENGINS ET PRODUITS DE LA PÊCHE

*Président :*

M. Altazin, armateur à Boulogne.

*Vice-Président :*

M. de Baecker, inspecteur principal adjoint à la Compagnie des chemins de fer du Nord.
M. Beust, armateur à Granville.

*Secrétaire :*

M. Gauthier, ingénieur des Arts et Manufactures.

SECTION DE L'ÉCONOMIE SOCIALE

*Président :*

M. Chansarel, sous-directeur au ministère de la Marine.

*Vice-Présidents :*

M. de Seilhac, administrateur délégué du Musée local.
M. Deléarde, secrétaire de l'Enseignement professionnel et technique des pêches maritimes.

*Secrétaires :*

M. Beaud, directeur de la compagnie l'Eternelle.

SECTION DE LA NAVIGATION DE PLAISANCE

*Président :*

M. Tellier, architecte naval.

*Vice-Présidents* :

M. L. TORDO, président du conseil d'administration du Yachting.
M. LAGOGUÉ, président de la Fédération des sociétés d'avirons.

*Secrétaire* :

SECTION D'OSTRÉICULTURE

*Président* :

M. CH. SÉPÉ, ostréiculteur.

INGÉNIEUR CONSEIL DU COMITÉ FRANÇAIS

M. J. PÉRARD, ingénieur, ancien commissaire général de l'exposition de Bergen, ingénieur de la classe 53 à l'exposition de

SECTION DES ARTS MÉDICAUX ET PHARMACEUTIQUES

*Président* :

M. le D<sup>r</sup> JAMIN, Président du syndicat des médecins de la Seine.

*Vice-Présidents* :

M. le D<sup>r</sup> MONIN, membres des Comités d'admission et d'installation de l'Exposition de 1900.
M. le D<sup>r</sup> LEPRINCE, membres des Comités et du Jury de l'Exposition de 1900.

N. S. — La liste complète des membres du Comité d'organisation et de leur répartition par section, paraîtra incessamment.

## RÈGLEMENT DE LA SECTION FRANÇAISE

1° Une exposition internationale d'hygiène, de sécurité maritime et de pêche s'ouvrira à Ostende dans les locaux du Conservatoire de musique le 1er août 1901 pour se terminer le 30 septembre suivant.

2° La section française et le terrain qui lui est attribué seront placés sous le contrôle exclusif du Comité français.

3° La section française n'admettra que des produits de fabrication française ou présentés par des exposants ayant en France, dans ses Colonies ou dans les pays sous son protectorat, leur principal établissement.

4° Les enceintes de la section française sont constituées en entrepôt réel de douane. Les produits français y sont admis en transit.

5° Aucun objet exposé ne pourra être reproduit par la photographie sans une autorisation spéciale de l'exposant visée par le président du comité de la section française ou son représentant.

6° Le comité de la section française ne pourra pas être rendu responsable des détériorations ou dégradations qui pourraient être commises, il décline toute responsabilité vis-à-vis des exposants et de l'administration de l'exposition.

7° Les demandes d'admission devront parvenir au comité, au plus tard le 30 juin.

Elles devront indiquer la raison sociale de l'exposant et spécifier la nature, le poids et le volume des objets à exposer ; ces demandes obligent leurs signataires et les soumettent à tous les règlements spéciaux d'ordre, de police, etc., qui émaneront de l'administration.

8° Tout participant recevra un certificat d'admission signé par le commissaire général.

Le prix de l'emplacement est payable moitié après la réception du certificat d'admission et le solde pendant le courant de l'exposition.

L'attribution des emplacements sera faite par le comité.

9° Le sol et le plancher des salles ne pourront pas être modifiés sans l'assentiment formel et par écrit du commissaire général ou de son représentant.

10° Les exposants se conformeront rigoureusement aux délais d'expédition qui leurs seront indiqués.

11° Ils surveilleront leur propre installation et, à la cloture, l'enlèvement de leurs produits ; toutefois ils auront le droit de se faire représenter par des agents de leur choix.

12° Les membres du jury français seront désignés, deux tiers par le comité et un tiers par les exposants. Les exposants de la section seront représentés par des français dans les jurys de toutes les classes où ils exposeront, ainsi que dans le jury supérieur leur nombre sera proportionnel à l'importance des produits qu'ils exposeront.

13° Le tarif des emplacements est fixé de la manière suivante :

Emplacements isolés, par mètre carré.... 55 fr.
Emplacements non isolés............... 40

Ces prix ne comprennent pas le transport des objets à exposer du domicile de l'exposant à Ostende, mais les frais de manutention, les frais d'ornementation de la section française, le gardiennage général.

Des vitrines seront fournies suivant des prix à débattre aux exposants qui le désireront.

La force motrice sera fournie à des conditions spéciales.

14° Les récompenses consisteront en grands prix, diplôme d'honneur, médailles d'or, de vermeil, d'argent, de bronze et de mention honorable. Des diplômes seront remis aux lauréats et des médailles, dont la direction se réserve le monopole de la reproduction, seront mises à leur disposition.

Le jury disposera en outre des prix d'honneur qui seront décernés dans les diverses sections, dont un prix de S. M. le Roi, de S. A. R. M. le comte de Flandre, du Ministre des finances Belge, du gouverneur de la province, de la Ville d'Ostende, etc.

15° Il sera publié un catalogue officiel de l'exposition contenant l'adresse des adhérents et les divers renseignements qui les concernent.

Chaque adhérent aura droit à l'insertion gratuite de cinq lignes, chaque ligne supplémentaire se paiera un franc.

16° Les exposants seront tenus de faire assurer leurs objets exposés, l'assurance sera prise par la section, au besoin d'office.

17° Le comité exécutif prendra toutes les mesures nécescessaires pour la conservation des produits exposés, mais il ne répond pas des détériorations, des détournements, des accidents, d'avaries causées par la pluie, la grêle, les incendies et les cas de force majeure quelconque.

# CLASSIFICATION GÉNÉRALE

## I<sup>re</sup> DIVISION — Hygiène

### SECTION I.

#### Applications des sciences physiques et naturelles à l'hygiène des habitants du littoral et des marins

Appareils pour l'étude des phénomènes maritimes : Enregistreurs des marées, appareils pour recueillir et transmettre leur force pour l'exploration des fonds de la mer, etc.

Dispositifs pour la régularisation des plages, le maintien des dunes, etc.

Instruments pour l'étude des propriétés physiques et chimiques des eaux et de l'air : Baromètres, hygromètres, thermomètres, électromètres, microscopes, etc.

Collections se rapportant à la flore littorale ou marine, à la faune maritime, abyssale, etc. : Herbiers ; plantes ou animaux conservés ou imités ; anatomie classique, etc.

## SECTION II.

### Applications du génie civil ou maritime

Plans et projets de halles, d'abattoirs, marchés aux poissons, boucheries, etc., pour villes de bain. Aménagement et amélioration des ports. Types d'habitations : Villas, etc.

Matériaux spéciaux pour constructions maritimes ; enduits hydrofuges, etc.

Lavoirs, bains publics et privés, water closets.

Ventilation, chauffage et éclairage.

Procédés et projets pour fournir d'eau potable les localités maritimes et les navires.

Pompes spéciales (Norton et autres), appareils distillatoires, aqueducs, distributions d'eau, puits artésiens et abyssins, etc. Enlèvement et utilisation des résidus : cendres, immondices, vidanges.

## SECTION III.

### Application des sciences médicales

Sanatoria ; ambulances, hôpitaux maritimes. Installations contre l'introduction des maladies contagieuses par la voie maritime. Hygiène des transports maritimes. Désinfection des locaux et des navires, des résidus de toute nature. Destruction des parasites de l'homme et des animaux.

Pharmacies spéciales : Pharmacies de bord, de villa, etc., boîtes de secours, objets de pansement. Remèdes contre le mal de mer. Eaux minérales naturelles et artificielles, alimentation artificielle : Peptones, poudres de viande, somatose, etc.

## SECTION IV.

### Applications de la bromatologie et des arts domestiques

Alimentation en général : Appareils pour la préparation des aliments dans les ménages et à bord des navires, Fours à pain et à biscuit.

Alimentation spéciale des enfants : Biberons, lait condensé et stérilisé, farines lactées, etc. Installations pour la préparation des conserves alimentaires par tous les procédés. Appareils frigorifiques pour l'industrie et le ménage. Installations ou appareils pour la préparation et la conservation des boissons alcooliques, gazeuses ou autres. Lait, bières, élixirs, liqueurs, limonades, etc. Extraits. Aliments frais, conservés ou fabriqués : Café, thé, maté, chocolat, pains d'épice, etc.

Procédés et produits pour détruire les animaux nuisibles aux matières alimentaires.

Vêtements de villégiature, de bain ; de passagers, de marins et pêcheurs : Linge de corps, chapeaux et casquettes, chaussures étanches ou à semelles isolantes, bottes pour pêcheurs et chasseurs, water-proofs, etc.

Gymnastique, chasse, tir, escrime, sport et jeux divers. Automobiles, bicyclettes, etc.

Modèles de tentes, abris, cabines de bains, vespasiennes, etc.

Papiers de tentures hydrofuges, lumineux, etc. Literie, tentures, etc.

## SECTION V.

### Publications diverses se rapportant à l'hygiène.

Législation, statistiques, périodiques, tracts, journaux du littoral, etc. Bibliographie.

## II<sup>e</sup> DIVISION. — Sécurité et sauvetage

### SECTION VI.

### Sécurité littorale et maritime.

Lazarets, Croix Rouge, etc. Signaux divers pour phares, musoirs de jetées, etc. : Signaux lumineux, sirènes, etc. Équipement et vêtement du sauveteur. Matériel de sauvetage. Scaphandres, Naufrages, incendies, explosions. Vêtements de sécurité, bouées, etc. Postes de secours. Transport de blessés et de noyés.

### SECTION VII.
#### Hygiène et sécurité coloniales.

Produits alimentaires coloniaux et pour colonies. Types d'habitation. Moyens de transport : Steamers démontables, etc. Procédés de destruction des animaux nuisibles. Etoffes et vêtements pour colonies. Etablissements charitables, hôpitaux, etc. Développement intellectuel et moral des races de couleur.

## IIIᵉ DIVISION. — Pêche et développement physique, intellectuel ou moral des pêcheurs et des marins.

### SECTION VIII.
#### Sciences auxiliaires de la pêche.

Collections d'animaux utiles ou nuisibles aux pêcheurs : vivants, conservés, imités. Destructeurs des produits de la pêche.

ZOOPHYTES : Éponges et coraux.
ÉCHINODERMES : Asteroïdes, (étoiles de mer), et échinoïdes, oursins.
VERS.
ARTHROPODES.
**Crustacés** : Crevettes, homards, langoustes, etc.
**Arachnides** : Acariens (mites).
**Insectes**.
MOLLUSQUES : Huîtres, moules, buccins, seiches, poulpes, etc. Collections mallacologiques et conchyliologiques.
VERTÉBRÉS :
**Poissons :**
**Amphibiens (Batraciens)**.

**Reptiles** : Crocodiles, tortues.
**Oiseaux** : Palmipèdes, échassiers, etc.
**Mammifères** : Baleines, cachalots, phoques, castors, etc.

Collections ostéologiques, ontogéniques et chimiques (montrant le développement embryonnaire et subséquent des animaux, la composition des eaux, des plantes, des animaux, etc.)

Iconographies se rapportant à l'ethnologie, à la zoologie ou à la botanique des régions littorales ou de la mer.

## IV° DIVISION. — Pêche.

### SECTION IX.

#### Pisciculture.

Aquariums d'étude et d'agrément.

Pisciculture marine et fluviale : Installations et outillage pour la culture des crustacés, mollusques, poissons, tortues, oiseaux aquatiques, etc.

Appareils et dispositifs pour la protection des poissons : Echelles et escaliers à saumons, ridelles à poisson, claies pour huitrières, etc.

Procédés pour le transport ou la conservation des alevins, des poissons et autres animaux aquatiques vivants.

Reproduction par le dessin, la gravure, la photographie, le relief, etc., d'établissements de pisciculture, d'huitrières, parcs à huîtres, bancs de moules, etc.

### SECTION X.

#### Halieutique (Art de pêcher).

Engins de toute espèce pour la pêche en eau salée, saumâtre ou douce : Filets, rêts, sennes, chaluts, nasses, lignes, harpons, etc.

Navires et embarcations spéciales pour la pêche maritime, fluviale ou lacustre.

Collections d'amorces naturelles et artificielles.
Vêtements et équipement pour pêcheurs.
Cordages, ancres, voiles, rames, etc.

### SECTION XI.

**Préparation et conservation des produits de la pêche**

Installations et appareils pour la conservation du poisson, des mollusques et des crustacés, par le froid, la dessication, le marinage, la salaison, la fumure, le saurissage, etc.

Reproduction par le dessin, la gravure, la photographie, le relief, etc., d'établissements qui servent à la préparation et à la conservation du poisson.

Caques, tonnelets, caisses, bannes et paniers, boîtes, etc.

Appareils de bord pour la préparation préalable des produits de la pêche.

Produits de la pêche, sous tous les états, utilisés par l'industrie, la droguerie, l'économie domestique, etc.

Utilisation des déchets de pêche et produits analogues : Engrais de poisson, guanos, etc.

Ustensiles et vaisselle spéciale pour préparer les poissons, etc., pour les servir sur les tables.

### SECTION XII.

**Applications industrielles des produits de la pêche**

Collections de matières premières tirées de la mer, des lacs, des cours d'eau, etc., ou des plantes et des animaux qui les peuplent ; objets fabriqués avec ces produits.

Corail, perles, nacre, os de seiche, sépia, peaux de raies et autres, colle de poisson, huile de poisson, huile et blanc de baleine, os d'albatros, édredons, etc.

Pipes, objets en écaille, corail : bijoux, bibelots, etc. Ecume de mer, ambre, sel marin, iode, iodures, bromures, etc., zoostère, varechs, etc.

## SECTION XIII.

### Bien-être, développement physique et intellectuel des pêcheurs et des marins

Types de maisons pour pêcheurs. Aménagement de crèches, d'écoles professionnelles ou autres ; orphelinats et refuges ; salles de lecture et de réunion pour pêcheurs et marins : Constructions, matériel, méthodes, etc.

Gymnases et engins de gymnastique pour aspirants pêcheurs ou marins.

Délassements : Jeux divers.

## SECTION XIV.

### Législation, publications et histoire de la pêche

Traités didactiques ou scientifiques se rapportant à la pêche ; statistiques ; géographie spéciale ; folklore ; littérature se rapportant à la pêche : poèmes, etc. Histoire de la pêche et des pêcheurs. Bibliographie.

Collection d'engins de pêche de tous les temps et de toutes les nations en exemplaires originaux ou imités, graphiquement reproduits, etc.

Documents, sceaux, emblèmes, etc., se rapportant aux associations de pêcheurs et de marins.

Lois et règlements spéciaux.

## SECTION XV.

### Ostréiculture

Clermont (Oise). — Imprimerie Daix frères.

www.ingramcontent.com/pod-product-compliance
Lightning Source LLC
Chambersburg PA
CBHW070536050426
42451CB00013B/3044